VICTOR GARIEN

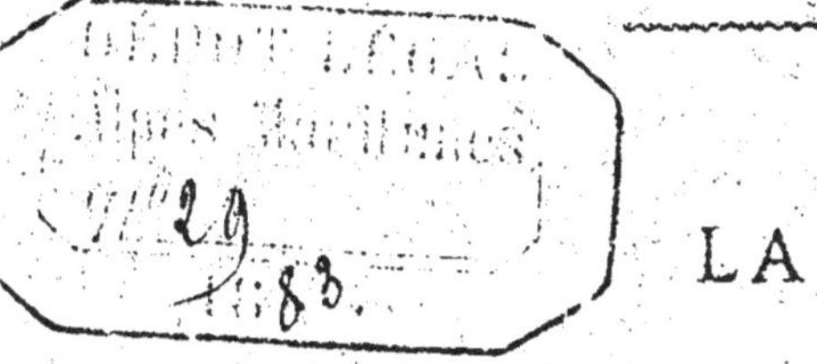

LA CRÉMATION

CONFÉRENCE FAITE A L'ATHÉNÉE DE NICE

LE 14 MARS 1883

PRIX : 50 CENTIMES

NICE

LIBRAIRIE GALIGNANI

15, quai Masséna.

1883

VICTOR GARIEN

LA CRÉMATION

CONFÉRENCE FAITE A L'ATHÉNÉE DE NICE

LE 14 MARS 1883

PRIX : 50 CENTIMES

NICE

LIBRAIRIE GALIGNANI

15, quai Masséna.

—

1883

A Monsieur le Docteur

BERNARD ARNULPHY

Témoignage de sympathie

V. G.

LA CRÉMATION

La question d'hygiène et de salubrité publique dont je viens vous entretenir aujourd'hui est à l'ordre du jour de toutes les nations civilisées. *Brûlons nos morts !* voilà le cri qui s'est élevé en Europe dans ces vingt dernières années, en présence des dangers croissants que présente l'inhumation, seul mode de sépulture autorisé, ou du moins en usage, chez les peuples occidentaux.

C'est la France, comme toujours, qui a donné le signal. Pendant les jours troublés de la Révolution française, vint se poser la grande question des sépultures nationales. Un vaste mouvement d'opinion et de recherches s'organisa en faveur de la nouvelle réforme. Legrand d'Aussy (an V de la République) affirma nettement la nécessité de substituer l'incinération des corps à leur inhumation. L'Institut de France proposa un prix de 1,500 francs pour l'étude de la question. Le Conseil des Cinq Cents, sur le rapport du citoyen Daubermesnil, ne rejeta qu'à une faible majorité l'article 5 de la loi qui reconnaissait à chaque famille la liberté de choisir entre les deux modes ou procédés de la crémation ou de l'inhumation.

Comme toujours aussi, la France a vu semer et croître en d'autres pays la graine qu'elle avait récoltée. En sorte qu'aujourd'hui, nous sommes devancés sur ce point par l'Italie, l'Allemagne et l'Angleterre, où le mouvement des idées crémationnistes s'est accentué avec vigueur. Nous voilà contraints de réfléchir et de rentrer en nous-mêmes. Nous voilà contraints à notre tour de poser la question et de lui donner une solution définitive.

Pour qu'une réforme puisse entrer dans le domaine de la réalité, pour qu'elle s'impose invinciblement à tous et devienne *loi*, loi dans le véritable sens du mot, c'est-à-dire, suivant l'admirable définition de Montesquieu, le rapport nécessaire qui dérive de la nature des choses, il faut que la lumière soit faite dans les consciences, il faut que l'accord et le consentement universels en proclament la nécessité. Ce qui me permet de dire, contrairement à l'opinion émise ici par un précédent orateur, que les lois *se font toutes seules* et que le législateur, qui est présumé les créer, ne fait qu'en dégager la formule ; qu'il n'en est, en un mot (passez-moi la trivialité de l'expression) que l'*accoucheur*, et non pas le créateur.

Or, tout me démontre que la réforme dont je viens plaider la nécessité devant vous est mûre en France dans l'opinion publique et que le moment de sa transformation en loi ne peut tarder à devenir une réalité.

Il existe quatre modes de sépulture connus et pratiqués parmi les hommes, et il ne peut en exister que quatre : la sépulture par l'*air*, la sépulture par l'*eau*, le sépulture par la *terre* et la sépulture par le *feu*. Ce sont là les menstrues, les milieux ambiants, et les seuls, qui soient de nature à procurer la décomposition plus ou moins rapide du cadavre. Les anciens les considéraient comme des « éléments », et, au point de vue qui nous occupe, ce sont, en effet, des éléments, plus ou moins actifs, de désagrégation des matières organisées, au sein desquels finit par disparaître intégralement cet ensemble de molécules qui s'appelle le corps humain.

La sépulture par l'air est en usage encore chez les peuples sauvages et

parmi les nations barbares ou retom-
bées dans la barbarie. Dans la Nou-
velle-Calédonie, sur certains plateaux
de l'Asie, en Perse et dans une partie
de l'Orient, la dépouille des morts
est confiée à l'air libre. Les corps, sus-
pendus à des branchages, ou simplement jetés par-dessus le mur d'un en-
clos pestilentiel, empoisonnent les vivants par leurs exhalaisons et deviennent, par moments, le foyer de redou-
tables épidémies. Pour ces peuples,
l'inhumation est un progrès ; et par-
tout où la civilisation européenne a
pénétré, elle le leur a imposé, aux
sauvages aussi bien qu'aux barbares.

La sépulture par l'eau ne saurait
être d'un usage général, puisqu'elle
est seulement à la portée des peuples
riverains de la mer ou des grands
fleuves. Nous n'avons donc pas à
nous en préoccuper ici. Cette sépulture est celle des marins qui, dans
leurs aventureux voyages à travers
l'Océan, lorsque la mort les saisit,
ont la vague pour linceul et le fond de
la mer pour tombeau.

Restent donc en présence les deux
modes de sépulture usités chez les
peuples civilisés : l'inhumation et la
crémation. Partisan résolu de cette
dernière méthode, je veux limiter le
champ de la discussion et me mainte-

nir sur le terrain des arguments positifs et des résolutions pratiques.

A l'heure où je vous parle, un projet de loi, dû à l'initiative de M. Paul-Casimir Périer et de quelques-uns de ses collègues, et pris en considération par la Chambre des députés, proclame, en quatre articles fort courts, le principe de la liberté des sépultures, c'est-à-dire le droit pour chaque particulier de choisir entre l'inhumation et la crémation.

La grande raison de cette réforme, c'est le respect de la liberté individuelle. Certes, s'il est une propriété qui soit bien à l'homme, sur laquelle il ait des droits entiers et absolus, c'est son corps, dont il paraît libre de disposer, avant comme après sa mort, à la condition, toutefois, que cette libre disposition de soi-même ne puisse nuire à la liberté ou à la santé d'autrui.

C'est pour sauvegarder ce droit sacré, c'est pour préparer, par la liberté d'initiative individuelle, la réalisation d'une grande réforme hygiénique et sociale que la loi nouvelle a été élaborée.

Et ici, j'ai le regret de constater que ce respect de la volonté des mourants, qui est l'honneur de tous les peuples civilisés, on y a manqué gravement en ce qui concerne un illustre patriote, le héros universel qui eut nom Garibaldi.

Ce grand citoyen avait, par un testament explicite et formel, demandé que son corps fût incinéré ; tous les détails de l'opération avaient été prévus et minutieusement décrits par lui. Je n'ai pas à apprécier ici les raisons d'Etat qui ont pesé sur la famille du grand homme ; mais, quelle que soit l'opinion que l'on professe sur le solitaire de Caprera, je crois que toute conscience honnête réprouvera cet inqualifiable retard dans l'accomplissement d'une volonté qui devait être sacrée pour elle. Pour ma part, je proteste avec énergie, au nom de la liberté individuelle, contre cette violation du respect dû aux morts, quels qu'en soient le mobile et l'origine, qu'elle ait eu pour cause le fanatisme politique ou le fanatisme religieux !

Bien que l'idée de la crémation gagne tous les jours du terrain, elle a pourtant des adversaires, comme toute innovation qui dérange certain calculs, qui semble compromettre certains intérêts, qui modifie certaines habitudes. Elle éprouve trois sortes de résistances et rencontre trois ordres d'objections. Les résistances proviennent de diverses catégories de personnes qui ne sont pas des moins considérables dans l'Etat: les prêtres, les savants et les juges. Les objections sont au nombre de trois : l'objection religieuse, l'objection scientifique et l'objection judiciaire. Je vais les examiner rapidement devant vous avec la certitude de les réfuter victorieusement.

Je pourrais, adoptant la méthode assertorique, plus attrayante et plus commode, vous retracer l'historique de la crémation, vous décrire les appareils et les procédés perfectionnés que la science moderne a mis en action pour procéder rapidement et sûrement à l'incinération des corps, vous démontrer enfin que ce mode de sépulture est le plus conforme à la dignité humaine et le plus favorable au culte des morts. Mais je considère comme plus profitable au succès de ma cause d'employer la controverse et de dégager ainsi les raisons majeures et les raisons d'urgence qui militent en faveur de la nouvelle réforme; et j'espère vous démontrer sans réplique possible :

1° Que la crémation ne froisse aucune conviction religieuse ou philosophique ; 2° qu'elle est imposée par les règles les plus élémentaires de l'hygiène ; 3° qu'elle ne fait courir aucun danger au point de vue de la sécurité sociale.

1° Objection religieuse.

Il va de soi que la destruction du cadavre par la terre ou par le feu est absolument indifférente pour tous ceux qui croient à l'immortalité de l'âme et à la survivance de l'individu après sa mort. La partie la plus spirituelle de notre être se dégage au moment suprême, et l'âme est partie avec le dernier souffle. Il ne reste plus qu'une guenille, une dépouille, que l'on peut indifféremment brûler ou enfouir.

Mais si la croyance philosophique à l'immortalité de l'âme n'est pas atteinte par la pratique de la crémation, il semble que l'un des dogmes principaux de l'Eglise catholique, la résurrection des corps, ne doive pas y survivre. Comment, en effet, admettre que cette chair, réduite par le feu en poussière impalpable, puisse, comme nous l'enseigne l'Eglise, renaître au jour du jugement dernier, avec sa figure, ses proportions et tous ses éléments corporels, complètement évanouis et disparus ?

Je n'irai pas chercher bien loin la réponse à cette objection, car je la trouve dans la controverse ecclésiastique elle-même. Il me suffira, pour établir la parfaite orthodoxie de la crémation, de m'appuyer sur l'opinion de trois docteurs catholiques, deux anciens et un moderne.

Il est bien vrai que l'usage constant de l'Eglise chrétienne a été de confier la dépouille de ses morts à la terre ;

mais, outre qu'aucun texte religieux n'interdit la destruction des cadavres par le feu, je trouve dans les écrits des Pères de l'Eglise des arguments qui justifient entièrement cet usage, au point de vue du dogme essentiel de la résurrection de la chair. Voici l'argument que Tertullien opposait aux sarcasmes et aux objections des philosophes païens qui niaient la possibilité de la résurrection : « La toute-puissance divine n'est arrêtée par aucun obstacle. La cendre n'est pas plus pour elle que la poudre et les os. Qui les a tirés du néant aura bien le pouvoir de les reformer dans la matière préexistante, conservée sous une autre forme au sein du vaste univers. » (Voir TERTULLIEN : *De resurrectione carnis*, cap. XII.)

Et le philosophe Tatien adressait à son tour aux Grecs contempteurs de la résurrection les paroles suivantes :

Bien que né mortel, après ma mort j'existerai de nouveau. Si ma chair est détruite par le feu, la matière évaporée sera recueillie par l'univers ; qu'elle le soit par les eaux de la mer ou des fleuves, malgré cela je serai réintégré parmi les fils du Dieu tout-puissant. Dieu, qui commande à la substance et la fait agir à son gré, lui rendra sa forme primitive.

Cet argument, qui était bon contre le paganisme, n'a rien perdu de sa va-

leur aux yeux des catholiques orthodoxes et se retourne aujourd'hui contre ceux d'entre eux qui voudraient re-
pousser la crémation. J'invoque en sa
faveur l'autorité même des Pères de
l'Eglise. Il n'y aura donc rien de chan-
gé pour les croyants le jour où cette
réforme se généralisera ; et ils pourront toujours dire, comme Eutychius,
le vieux patriarche de Constantinople
converti au dogme de la résurrection :
« Je ressusciterai en cette même
chair. » Et il tirait la peau de sa main
avec tout ce qui lui restait de force.

Les catholiques modernes me four-
nissent une autorité qui ne sera cer-
tainement récusée par personne. M.
l'abbé Buccellati, professeur de droit
canonique à l'Université de Pavie, a
caractérisé dans les termes suivants ce
mode de sépulture :

L'incinération des cadavres, telle qu'elle
est comprise et exécutée à Milan, ne cons-
titue pas une opinion que l'on puisse dire
hérétique ou entachée d'hérésie; les théo-
logiens les plus rigoristes pourraient seuls
la considérer comme téméraire.

Pourquoi téméraire ? Parce que la
réforme qu'elle entraîne est une innovation hardie et déroute les habitudes
séculaires contractées par les membres
du clergé officiant. Cependant le clergé
de Milan, loin de refuser les secours

de son ministère aux morts dont les cadavres sont destinés à la crémation, les accompagne jusqu'à l'appareil d'incinération et récite sur leurs cendres les prières du rituel.

L'usage de la crémation ne porte donc aucunement atteinte à l'exercice de la religion catholique, ni dans aucun de ses dogmes essentiels, ni dans la pratique de son culte. Il ne s'oppose pas, comme on vient de le voir par l'exemple du clergé de Milan, à l'accomplissement des rites et des cérémonies de l'Eglise, avec cette seule différence que les prières, au lieu d'être dites sur un corps destiné à la putréfaction, le sont sur une poignée de cendres.

Je me permettrai, d'ailleurs, bien que profane, de faire observer aux orthodoxes et aux croyants que la crémation me paraît bien plus conforme que l'inhumation à cette parole que prononce le prêtre dans la cérémonie du mercredi des Cendres, en traçant avec son pouce le signe de la croix sur le front des fidèles : *Memento, quia pulvis es et in pulverem reverteris.* En effet, par l'incinération, le corps est entièrement détruit en une heure, et il faut à la terre cinq années pour le réduire en poussière.

2° **Objection scientifique.**

Quelques savants sont opposés à la crémation. Ils ne reconnaissent pas les avantages qu'elle offre au point de vue de la salubrité et déclarent que l'on peut s'en tenir à la méthode de l'inhumation, en prenant toutefois les précautions suggérées par une bonne entente de la police sanitaire.

Cela ne suffit pas. Pour justifier leurs préférences, les partisans de l'inhumation sont tenus de démontrer l'innocuité du cadavre. Il leur faut prouver que les corps en décomposition n'offrent aucun danger pour la santé publique et qu'il est indifférent aux règles d'une bonne hygiène de les laisser subsister à travers les phases répugnantes et nauséabondes de leurs transformations dernières.

Nous avons vu que le cadavre, exposé à l'air libre chez les sauvages et les barbares, était enfermé sous terre parmi les peuples civilisés. Il faudrait établir que les dangers du premier mode de sépulture sont suffisamment atténués par l'application du second et que la terre est un élément salubre qui absorbe et annihile les germes malfaisants, alors que l'air les disperse et les répand dans l'atmosphère, au grand danger de la santé publique. On n'a pas osé le soutenir.

Il est incontestable, en effet, que si la sépulture aérienne favorise la formation de gaz délétères, sans compter des myriades d'insectes et de protozoaires qui peuvent devenir à un moment donné des foyers d'infection et d'épidémie, le corps en décomposition sous la terre laisse échapper des liquides qui, par infiltration, pénètrent dans les sources et réservoirs d'eau potable circulant à travers le sol et servant à alimenter les vivants.

Cette action lente des infiltrations provenant des cimetières n'a jamais été niée par les hygiénistes et les savants. Elle l'a été si peu que des mesures sévères ont été prescrites pour isoler autant que possible le champ des morts de l'habitation des vivants.

Les règlements sanitaires prescrivent une distance de 100 mètres au moins entre le cimetière et toute agrégation de maisons constituant un village ou hameau. Un membre de l'Académie de médecine, M. Lefort, a même élaboré sur ce point tout un projet de réglementation qui démontre de la manière la plus éloquente le multiple danger qu'offrent l'inhumation du cadavre et son accumulation dans les cimetières.

Tout d'abord, M. Lefort trouve que

la distance minimum de cent mètres
entre les lieux de sépulture et les sources, citernes, puits ou réservoirs est
insuffisante. Il propose de fixer cette
limite à 200 mètres. Il pourrait sans
crainte aller jusqu'à trois cents, quatre cents, cinq cents, et ainsi de suite
à l'infini.

Pour tout cimetière nouveau, M. Lefort prescrirait, comme règle absolue,
que l'on se gardât bien d'en établir
dans le voisinage d'une source quel-
conque et qu'une étude minutieuse et
approfondie du sol permît d'être entièrement éclairé sur l'existence des
courants d'eau, profonds et superfi-
ciels, qui pourraient être, un jour ou
l'autre, captés par les habitants. Je
n'ai pas besoin de vous renseigner sur
la difficulté de ces recherches. Vous
savez comme moi que l'hydrologie est
la plus conjecturale de toutes les sciences et que l'application de ses métho-
des incertaines est une source conti-
nuelle d'erreurs et de déceptions pour
les propriétaires qui en font usage. Il
n'est donné à personne de savoir s'il a
une source chez lui, et le miracle de
Moïse, faisant jaillir, avec sa baguette,
la source d'un rocher, ne s'est pas fré-
quemment renouvelé.

Pour les cimetières anciens, M. Lefort propose simplement de les enve-
lopper d'une immense circonvallation

au moyen d'un fossé de deux mètres
de large et d'un mètre de profondeur,
afin de les isoler entièrement des vivants, et de pratiquer un système de
drainage qui les garantisse à tout jamais de l'infiltration des germes morbides et pestilentiels.

Ces prescriptions hygiéniques et,
d'ailleurs, parfaitement inapplicables
sont, à mes yeux, la condamnation
absolue des cimetières. Comment veut-
on, en effet, que des précautions aussi
coûteuses et aussi compliquées, aussi
incertaines surtout, puissent jamais se
généraliser ?

C'est pourtant à ces moyens termes
et à ces palliatifs que s'est arrêtée l'A-
cadémie de médecine. Elle a adopté le
projet de M. Lefort; elle y a même
ajouté pour l'embellir, sinon pour le
simplifier, la recommandation de fil-
trer soigneusement les eaux potables,
en sorte que chaque commune et pour
ainsi dire chaque habitation devra se
pourvoir de philtres et d'appareils plus
ou moins perfectionnés destinés à une
sévère épuration !

Je ne parle pas ici des miasmes délétères qui, du fond des cimetières,
se font jour à la surface du sol et se
répandent dans l'atmosphère, ce qui
oblige, dans le choix d'un emplace-
cement, à s'orienter sur la direction
des vents pour éloigner tout danger

d'épidémie et purifier l'air respirable.

Enfin, on devra aussi tenir compte de la nature du sol et choisir un terrain suffisamment perméable, c'est-à-dire silico-argileux-calcaire !

Si l'on devait s'en tenir à ces prescriptions multiples et les réaliser toutes à la lettre, il est probable que pas un seul cimetière n'existerait. Aussi les populations rurales, obstinées dans leur routine et leurs préjugés, sourdes aux doctes conseils de la science, continuent à placer leurs cimetières où elles peuvent, sans aucun souci de la géologie, de l'hydrologie et de la ventilation. A l'abri sous de séculaires traditions, on vit et on meurt, on meurt surtout, sans prendre le congé ni attendre la permission de la Faculté.

Voilà donc tout ce qu'a su trouver en France la science officielle dans cette grande question des sépultures nationales. Quelques précautions douteuses, un philtre, des creusets, des cornues ! Il est regrettable que l'Académie des sciences, si considérable par le savoir, le génie même de quelques-uns de ses membres, ne se soit pas mise résolument à la tête de ce grand mouvement qui entraîne aujourd'hui les esprits vers les idées crémationnistes. Comment expliquer l'inertie, l'hésitation et les timidités de cet illustre corps qui s'appelle l'Institut de France ? Faut-il croire que la science, lorsqu'elle est arrivée à un certain degré d'élévation, engendre le scepticisme et l'indifférence, et que les collèges de savants sont quelquefois aussi réfractaires au progrès que l'ont été, presque de tous les temps, les collèges de prêtres ?

Non, ce n'est pas ainsi que la vraie science, celle où le savoir et l'expérience s'allient à l'amour de l'humanité, envisage le problème et cherche à le résoudre. Je voudrais qu'entre autres savants pénétrés de ces principes de philanthropie, M. Pasteur, ce grand chimiste dont les travaux et les découvertes ont fait faire de si notables progrès à la science et à l'industrie, fût ici pour vous dire d'une voix bien plus autorisée que la mienne, avec cette éloquence naturelle que donnent l'étude approfondie et la connaissance de la nature, ce qu'il faut penser des dangers de l'inhumation.

M. Pasteur est un hygiéniste distingué. Il s'est occupé des générations dites spontanées et s'est voué à l'étude des infiniment petits organiques. Nul mieux que lui ne connaît dans leur mystérieux enfantement et dans leur mode d'action ces virus morbides engendrés par les matières en décomposition. Nul plus que lui n'ap-

préhende les dangers que font courir
à la santé publique ces foyers perma-
nents d'infection et d'épidémie. M.
Pasteur a toujours combattu pour l'é-
loignement absolu des aggloméra-
tions humaines de tout résidu organique provenant des eaux ménagères ou
des déjections animales.

Si M. Pasteur était ici, il vous dirait
sans doute que la règle qui s'impose
pour l'établissement des égouts et des
vidanges s'applique avec la même rigueur à l'hygiène publique des cimetières. Dans une admirable lettre adressée
récemment au maire de Cannes, cet
illustre et modeste savant, appelé à se
prononcer sur une question de salubrité publique qui préoccupe nos voi-
sins d'outre-Var, disait :

« Rejetez vos vidanges à la mer et
le plus loin possible du bord. » Il
tiendrait un langage analogue si son
attention était attirée sur la question
des sépultures. Il faut, dirait-il, que
les morts n'empoisonnent pas les vivants. La particule nocive dégagée du
cadavre est aussi dangereuse que celle
charriée par les eaux d'égout. Il faut
éloigner de l'homme tous les ferments
putrescibles. Il ne faut pas que la
mort anonyme, par les courants invi-
sibles de l'air et des eaux, frappe
les vivants à leur insu.

Or, ici, le remède est à notre portée,

simple, facile et radical. Le feu purifie tout. La science a découvert des appareils perfectionnés qui en moins d'une heure réduisent le corps humain en une poignée de cendres, dont le poids est de deux ou trois kilos à peine. Dès lors, plus de danger, l'infection est tarie à sa source, la mort est purifiée et la vie sauvegardée sans conteste !

Ce que je viens de dire du cadavre est applicable, à plus forte raison et par voie d'extension, au cimetière. Si un cadavre isolé est déjà par lui-même une cause sérieuse d'insalubrité, dix, cent, mille, dix mille corps humains à des degrés divers de décomposition agglomérés dans les cimetières créent un danger social qui peut, à un moment donné, prendre des proportions effrayantes ! Outre qu'il compromet d'une manière continue, par voie d'infiltrations ou d'exhalaisons, la santé des populations avoisinantes, il peut, suivant les circonstances atmosphériques, devenir un foyer actif d'épidémie et, sinon créer le fléau, du moins l'aggraver dans d'incalculables proportions. Le choléra, la fièvre typhoïde, la petite vérole, toutes les maladies épidémiques et contagieuses qui sévissent sur les populations trouvent sans aucun doute dans la décomposition cadavérique un puissant aliment.

Mais les cimetières ne sont pas seulement un danger permanent ou périodique, intermittent ou continu : ils sont encore une inutilité. Ces espaces immenses et qui deviennent tous les jours trop étroits sont perdus pour la culture et l'habitation humaine. Avec la crémation, cette lacune disparaît. L'urne, déposée au cimetière, est enfermée soit dans les niches du *columbarium* commun, soit dans le monument de la famille. D'après les calculs d'hommes compétents, l'urne cinéraire occuperait vingt fois moins de place que la bière d'inhumation.

De siècle en siècle, avec le progrès de la science, du bien-être et de la civilisation, le tombeau s'est éloigné du foyer de famille, avec lequel il se confondait au début. Déplacé hors de l'habitation pour entrer dans l'église, il fut le premier noyau des cimetières de paroisse ; puis on l'éloigna encore et on le plaça aussi loin que possible du centre des villes ; enfin aujourd'hui, avec l'extension inquiétante prise par nos grandes nécropoles, le tombeau doit être relégué dans de vastes cimetières extra muros. Il n'y a pas de raison pour que cela s'arrête et pour que le champ des morts n'absorbe pas un jour le domaine des vivants. Si le temps ne détruisait pas les tombeaux, a dit un penseur, il n'y aurait plus de place pour la charrue !

Aussi remarquons-nous que tous les cinq ans, par mesure de police et d'économie civile, on est contraint de brûler les ossements des morts enfouis dans la fosse commune. Seules, les concessions dites à perpétuité sont respectées par la pioche et le feu. C'est une application empirique, il est vrai, mais ce n'en est pas moins une application du principe de la crémation. Qu'il y soit substitué la crémation préalable, obligatoire et égale pour tous. On affranchira ainsi le sol de toute servitude, et ce ne sera pas une conquête à dédaigner que ces immenses terrains conservés à la culture et à l'industrie.

Nous pouvons maintenant résumer les conclusions de la science sur ce chapitre des sépultures. La science repousse comme dangereuse et insalubre, elle rejette comme facteur d'encombrement la méthode surannée de l'inhumation des corps ; dans l'intérêt de la santé publique, écartant hardiment tous moyens termes et palliatifs, elle dit :

Il faut tuer le cadavre, il faut abolir le cimetière.

Avant de passer au troisième ordre

d'objections,que je me suis donné pour mission de réfuter, je tiens à relever, pour ceux de mes auditeurs qui se préoccupent de philosophie scientifique, un dernier argument qu'on a quelquefois opposé aux partisans de la crémation. On leur a dit : « Le sol perdra des éléments chimiques précieux : les carbonates, les phosphates, tous les principes fécondants qui composent le cadavre. »

« Rien ne se crée, rien ne se perd, » a dit avec raison un grand chimiste. Le corps humain, qu'il soit livré à la terre, qu'il soit dévoré par les flammes du four incinérant, fournira toujours une quantité connue de produits solides et gazeux. Dans l'inhumation, la molécule organique prend, pour arriver à sa nouvelle destination, le chemin le plus long; dans l'incinération, la décomposition chimique est immédiate. Dans l'un comme dans l'autre cas, rien n'est perdu pour ce travail de reconstitution qui s'opère incessamment dans la nature.

Le Projet de loi.

Je crois avoir démontré qu'en vertu de raisons péremptoires, la science pratique, sinon la science officielle, conclut hardiment, en ce qui touche la question des sépultures, à la disparition du cadavre et à l'abolition des cimetières. Solution radicale, telle que l'impose la rigueur des principes, avec sa généralisation implacable et immédiate.

Mais la politique, qui, à l'heure actuelle, s'est emparée de la solution, ne saurait procéder avec cette rigueur absolue. Il lui faut tenir compte d'une foule d'éléments dont l'existence vient modifier d'une manière sensible l'application de la loi scientifique. Aussi, au lieu d'imposer ce nouveau mode de sépulture, comme seul conforme à l'hygiène et à la salubrité, a-t-elle tout simplement proclamé le principe de la crémation libre et facultative.

Voici donc le texte des deux premiers articles du projet de loi proposé par M. Paul-Casimir Périer et quelques-uns de ses collègues :

Art. 1er. — Tout citoyen pourra, par acte de dernière volonté, décider que son corps sera soumis à la crémation, au lieu d'être inhumé dans les conditions usitées jusqu'à ce jour. A défaut de l'expression de la volonté personnelle, toute famille ou toutes les personnes qualifiées à cet effet auront le droit de faire procéder à la crémation du corps de la personne décédée.

Voilà pour l'expression de la volonté individuelle et pour les droits de la famille. Cet article premier consacre d'une manière absolue et complète le principe de la liberté des sépultures.

Art. 2. En cas d'opposition fondée sur quelque motif que ce soit, il sera statué dans les vingt-quatre heures, par le juge de paix du domicile, lequel pourra soit ordonner qu'il sera sursis, soit ordonner l'inhumation provisoire, jusqu'à décision définitive.

Voilà pour les tiers et les ayant droit. Tous les intérêts sont ainsi sauvegardés. Ces dispositions sont sages. Elles tendent à faire pénétrer dans les mœurs, graduellement, sans secousse et sans violence, une réforme qui, je crois l'avoir suffisamment établi, se justifie d'elle-même, au double point de vue des croyances philosophiques ou religieuses et de l'hygiène publique.

Reste à examiner la troisième objection, la plus grave celle-là, celle que nous opposent les gardiens de la sécurité publique: je veux parler de l'objection judiciaire.

3° Objection judiciaire.

Certains sacerdotes et certains savants ne sont pas les seuls à réclamer ou à admettre le maintien de l'inhumation. Le juge apparaît maintenant, qui vient exercer un droit de préemption sur le cadavre et qui nous dit : Laissez-le moi ; j'en ai besoin. Il me le faut pour mes constatations judiciaires; il ne saurait échapper à l'expertise médico-légale, sans faire courir le plus grand danger à la justice!

Dans certains cas, en effet, les recherches de la justice exigent l'exhumation des corps et l'analyse médicolégale de leurs organes pour y découvrir les traces de lésions intérieures produites par le poison. Si, par l'incinération, les organes se trouvent profondément modifiés dans leur composition chimique et réduits à une poignée de poudre impalpable, le corps du délit disparaît, la vindicte publique est frustrée et le crime demeure impuni. Bien plus, cette impossibilité de recourir aux investigations judiciaires après la mort constituera une véritable provocation, un encouragement au crime. Donc, d'une part, plus moyen de *réprimer* les crimes commis, puisque la preuve échappera aux recherches de la justice; et, d'autre part, plus moyen de *prévenir* les crimes à commettre, en raison de l'impunité assurée par avance aux criminels.

Voilà dans toute sa force l'objection opposée par les juristes à la réforme proposée. Les partisans de la crémation ne s'en dissimulent pas la gravité. Ils ne la jugent pourtant pas insoluble; et en attendant l'organisation d'un ensemble de mesures qui devra concorder avec la généralisation du mode nouveau de sépulture, ils ont proposé une série de précautions suffisantes et nécessaires, répondant à l'emploi de la crémation facultative.

Voici comment les auteurs du projet de loi présenté à la Chambre des députés entendent sauvegarder les droits de la justice criminelle. L'article 3 et l'article 4 sont exclusivement consacrés aux mesures de sécurité publique exigées par l'intérêt du corps social. L'article 3 donne les moyens de pourvoir à la *répression* des crimes commis. L'article 4 cherche à assurer la *prévention* des crimes à commettre. Voici le texte du premier :

Art. 3. — En cas de dénonciation de crime ou d'action directe exercée par le ministère public, il devra être procédé à *l'autopsie*, aux frais de qui de droit, préalablement à la crémation, et, sur le refus des intéressés, en l'absence d'une décision judiciaire, l'inhumation aura lieu.

Cet article prévoit les cas (ils sont les plus nombreux) de mort suspecte et de dénonciation ou d'action publique exercée par le parquet. Dans ces cas, il est sursis à la crémation, l'autopsie est immédiatement pratiquée, et la justice ne perd aucun de ses droits. Par surcroît de précautions, et sur l'opposition des intéressés, l'inhumation aura lieu afin de faciliter les contre-expertises et constatations nouvelles. La répression, comme on le voit, reste armée de toutes pièces et n'a besoin de renoncer à aucun de ses moyens ; bien mieux, une voie nouvelle d'investigation lui est offerte : l'*autopsie*, sans préjudice des exhumations suivies d'expertises médico-légales qui seraient ultérieurement jugées nécessaires.

Cette disposition est sage. Je n'ai pas pour but de défendre ici le projet de loi présenté à la Chambre par M. Paul-Casimir Périer et plusieurs de ses collègues; il sert bien plutôt d'illustration à la thèse générale que je défends; mais on ne peut s'empêcher de reconnaître qu'il est profondément respectueux des droits de la justice répressive et que les précautions qu'il édicte sont d'une absolue efficacité à cet égard.

Je me permettrai toutefois une observation sur cet article 3. Je voudrais que l'autopsie ne fût pas limitée au cas de dénonciation de crime ou d'action publique exercée par la justice ; je voudrais qu'elle précédât obligatoirement la crémation dans tous les cas possibles, et j'ai pour cela des raisons dont vous allez dans un instant comprendre, je l'espère, toute la valeur.

Passons maintenant à l'article 4, qui

se préoccupe surtout des crimes inconnus et des crimes à commettre, et
qui pourvoit aux moyens d'assurer
l'action préventive de la puissance
sociale. Voici ce que dit cet article :

Art. 4. Un règlement d'administration
publique déterminera toutes les conditions de constatation préalable, d'ordre et
de police auxquelles devrait être subordonné l'exercice du droit accordé par la
présente loi.

Toute l'économie de la loi nouvelle
est en réalité contenue dans cet article. Ces constatations préalables, ces
mesures d'ordre et de police, toutes
tendant à établir le genre de mort
ainsi que l'heure et le lieu du trépas,
sans oublier les conditions d'identité
établies par les magistrats civils, seront pour la société une sauvegarde
certaine, dès qu'elles seront rigoureusement appliquées dans tous les cas
de crémation. Non seulement elles
permettront de déterminer les véritables
causes du décès, mais elles pourront
même mettre la justice sur la trace de
crimes inconnus et qui, peut-être, sans
cette circonstance, n'eussent jamais été
révélés.

Dans tous les cas, la pratique de ces
formalités sera un frein salutaire pour
les empoisonneurs qui sauront que, en
cas de crémation, le cadavre sera minutieusement examiné ; et la crainte

de se voir découvert empêchera l'accomplissement de bien des desseins criminels. Ainsi, avec l'application de la loi projetée, la crémation, au lieu d'être un danger pour la justice sociale, deviendra une garantie de plus !

Voilà pourquoi je demande que l'autopsie précède obligatoirement la crémation. L'autopsie est la réponse la plus victorieuse à l'objection des juristes. Avec elle, plus de mystères criminels, plus même de doute et d'incertitude sur les véritables causes de la mort. Le corps à peine refroidi livre aux médecins le secret qu'ils n'ont pu pénétrer pendant la maladie. Quelle garantie pour les progrès dans l'art de guérir ! Quel précieux enseignement pour les familles, qui posséderont ainsi des archives médicales leur permettant de connaître les maladies dont ont souffert leurs ascendants, de prévoir celles qui menacent d'affliger leurs fils et leurs neveux et de prévenir les graves dangers causés par la loi d'hérédité!

Lorsque la crémation se sera généralisée, et avec elle la pratique de l'autopsie, nous verrons grandir le rôle de ce fonctionnaire que la foule appelle le médecin des morts. Ce magistrat, escorté d'un personnel nouveau, sera le véritable gardien de la vie et fournira, par ses constatations,

à la statistique générale, à l'hygiène
publique et privée, les plus précieux
éléments, tandis qu'aujourd'hui, hélas!
cette fonction capitale est remplie avec
une insouciance scandaleuse, au prix
même des plus graves erreurs, puisque
les prescriptions de police civile et
médicale n'empêchent pas l'épouvantable péril des inhumations prématu-
rées !

Mais ces considérations nous éloi-
gnent de l'objet même de cette conférence. Les deux articles dont je viens
de vous donner lecture, amendés, comme j'ai cru devoir vous l'indiquer, par
l'introduction du principe de l'autopsie
obligatoire, démontrent suffisamment
que le péril d'encouragement au crime, dont se plaignent les adversaires
de la crémation, peut être facilement
conjuré.

Et d'ailleurs, quand bien même ces
précautions ne seraient pas prises, il
suffit de jeter les yeux sur un calcul
fait par M. Paul-Casimir Périer, dans
le remarquable exposé des motifs de
son projet de loi, pour se rendre
compte des proportions restreintes
qu'offre le danger d'impunité en cas
d'empoisonnement.

D'après les statistiques criminelles
du ministère de la justice, 617 cas
d'empoisonnement se sont produits
en France pendant une période de dix

années. Presque toujours les pour-
suites ont commencé dans les vingt-
quatre heures du décès. 512 crimes
ont été consommés à l'aide de l'arsenic, du phosphore, du sulfate de cuivre et du vert-de-gris. A l'exception du
phosphore, qui ne laisse de traces suffisantes pour les constatations dans aucun cas, ces différentes substances au-
raient pu se trouver au moins en partie après la réduction en cendres.

La nicotine, les cantharides, la digi-
taline avaient servi dans les 105 cas
restants ; le feu les aurait détruites ou
tout au moins dénaturées, et la constatation médico-légale fût devenue im-
praticable. Ce calcul, ainsi que le fait
remarquer M. Paul-Casimir Périer,
donnerait une moyenne de dix crimes
par an et, sur une population de 40
millions d'habitants, 1 sur 4 millions
de vivants. Encore faut-il supposer la
crémation appliquée obligatoirement à
tous les Français.

Il faut supposer aussi que, dans ces
dix cas annuels, la science médico-
légale appelée à expertiser avant ou
après exhumation aurait infaillible-
ment découvert les traces du crime.
Je ne veux pas insister plus que de
raison sur l'état d'incertitude de cette
science. Je me bornerai à rappeler le
fait de Moreau, l'herboriste de Saint-
Denis, condamné à mort pour crime

d'empoisonnement sur la personne de sa femme et qui, au moment de livrer sa tête à l'exécuteur, cria d'une voix tonnante en s'adressant à la foule : « Messieurs, je meurs innocent ! »

Le document principal du procès avait été le rapport du médecin-expert, M. Bergeron, rapport très bien fait, parfaitement déduit et très correct, concluant à l'empoisonnement par les sels de cuivre. Peu de temps après l'exécution de l'infortuné Moreau, un rapport rédigé par un autre médecin démontrait, avec non moins d'élégance, de logique et de clarté, que les sels de cuivre n'empoisonnent pas et n'ont jamais empoisonné.

Auquel croire des deux docteurs ? Dieu me garde de prendre parti dans cette querelle. Toujours est-il qu'un homme a payé de sa tête cette erreur judiciaire ou scientifique.

Et le procès Lafarge ? Vous souvient-il de ces débats célèbres où des « petits morceaux de M. Lafarge », comme disait spirituellement Alphonse Karr, figuraient sur la table des pièces à conviction et avaient exercé vainement la sagacité des chimistes ? Pendant ces débats, deux médecins, deux illustrations de la science, se disputaient la tête de Mme Lafarge, l'un M. Orfila, le toxicologiste, disant :

« La présence de l'arsenic dans les intestins de la victime démontre surabondamment le crime ! » l'autre, M. Raspail, s'écriant : « La présence de l'arsenic ne prouve absolument rien. J'en trouverai dans le fauteuil du président ! »

Où est la certitude ? Où sont les garanties ? Et c'est avec de pareils exemples de doute et d'erreur sous les yeux que l'on voudrait, au détriment de la santé publique, conserver à la science un cadavre qui n'est trop souvent qu'une énigme indéchiffrable pour elle ? La science médico-légale est-elle donc infaillible ? Le fût-elle, qu'en présence des minimes proportions auxquelles se réduit le danger, en présence d'un crime impuni sur 4 millions de vivants, il n'y a pas, suivant moi, à hésiter sur l'adoption d'une grande réforme hygiénique et économique de laquelle dépend la santé de populations entières.

Enfin, je dois vous faire remarquer, en empruntant cette considération à M. Gomot, le judicieux rapporteur du projet de loi, que, grâce au nouveau système, on évite l'épouvantable péril des enterrements prématurés avec leurs terribles tortures. Au moment d'introduire le corps dans le four crématoire, on lui ferait subir une profonde brûlure afin de s'assurer si les sources de la vie sont bien réellement taries en lui. Cette certitude serait une compensation suffisante aux dangers que peut offrir l'impunité de quelques criminels. Les morts apparentes sont plus fréquentes que ne le suppose le public. « Notre système d'enterrement, a écrit un grand médecin, a tué des milliers d'hommes. Peut-être y a-t-il plus d'inhumations de vivants que de suicides ! »

J'ai terminé ma démonstration. Par les raisons que je vous ai fait valoir au triple point de vue de la liberté de conscience, de l'hygiène publique et de la sécurité sociale, je crois que vous serez d'accord avec moi sur l'urgente nécessité de substituer au mode actuel de sépulture la méthode plus pratique et plus rationnelle de l'incinération des corps. S'il en est ainsi, vous ne désavouerez pas cette formule par laquelle je crois pouvoir résumer toute ma thèse :

LA CRÉMATION PRÉALABLE A LA SÉPULTURE ; L'AUTOPSIE PRÉALABLE A LA CRÉMATION.

Il est pourtant un dernier argument que je demande à invoquer et par lequel je voudrais terminer ces considérations un peu ardues. C'est celui que j'appellerai l'argument esthétique. Et ici je m'adresse plus particulièrement aux femmes, qui ont à un degré si élevé le sens intime et délicat du luxe, de l'ordre et du bien-être.

L'horreur de la mort, le dégoût de la putréfaction sont des sentiments naturels à l'homme ; mais combien ne doivent-ils pas être infiniment plus développés chez sa compagne ! Le désir de plaire, le besoin de se survivre à soi-même en offrant au souvenir de la personne aimée une image riante et consolatrice sont choses vaines avec les pratiques de l'inhumation. Avec elle, plus de coquetterie posthume, plus de survivance heureuse ! mais l'horrible, le répugnant spectacle de la décomposition cadavérique !

Ah ! laissez-moi croire qu'il vaut mieux livrer ses restes au feu purificateur. Avec lui l'être disparu n'est plus qu'une ombre légère dont le souvenir reste intact dans la mémoire et n'évoque plus aucune idée de mort et de corruption. Je souhaite que cette aspiration devienne une réalité bienfaisante pour tous et que mes auditrices en particulier demeurent convaincues que la crémation n'est pas seulement favorable à la Religion, à la Science, à la Justice, mais encore et surtout à l'éternelle Beauté.

IMPRIMERIE MODERNE, 14 ET 16, RUE HALÉVY.